LECTURE EN FRANÇAIS FACILE

L'os mystérieux

Niveau 1

CATHERINE FAVRET

CLE
INTERNATIONAL

Sommaire

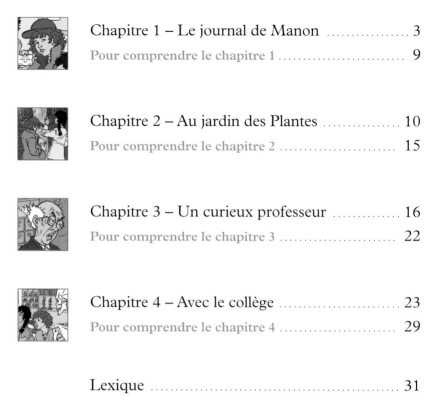
© CLE International, 2005
ISBN : 978-209-031605-6

Chapitre 1

Le journal de Manon

12 MARS 2004

Il m'arrive une drôle d'histoire, on dirait un roman d'espionnage. Je vais écrire un journal pour mieux comprendre.

17 heures : Leïla et moi, en sortant de la bibliothèque, on
trouve un portefeuille dans une poubelle, et qu'est-ce qu'il y
a dans ce portefeuille ? Des dollars, des dinars, mais pas un
seul euro, une carte d'identité, une carte de visite, la photo
d'une petite fille avec un boa, et… un bout d'os dans un
mouchoir en papier ! Qu'est-ce que c'est que cette histoire ?

Avec Leïla, on décide d'aller voir le propriétaire de la carte
d'identité. Jean Bonde-Paris habite Place Pinel, c'est près de
chez nous. Mais Place Pinel, pas de chance : il n'habite plus
ici. Maintenant, il habite dans le 20e arrondissement, 7, rue
du labyrinthe ! Leïla est plus courageuse que moi, elle insiste
pour y aller… et malgré la pluie, on y va.

On arrive à entrer dans l'immeuble, mais on ne sait pas à
quel étage il habite, ce monsieur Bonde-Paris ! Alors on
monte tous les étages, mais on ne trouve pas son nom sur la
porte…

Seule chose bizarre, au sixième étage, porte D, il n'y a pas de
nom, mais il y a une photo sous la porte. On la regarde : c'est

la photo d'un boa ! C'est peut-être le même boa que sur la photo avec la petite fille... mais ce n'est pas sûr !

De toute façon, moi, je crois que c'est louche, cette histoire. Il y a une carte d'identité, mais il y a aussi une carte de visite, et le monsieur de la carte de visite, il s'appelle Jacques Bonde. Pour moi, c'est clair : Jacques Bonde, c'est James Bond en français, et en plus il est agent... agent quoi ? C'est sûrement un agent secret ! Je propose à Leïla d'aller le voir à la Compagnie Nationale des Zoos, où il travaille. Il connaît sûrement Jean Bonde-Paris, non ?

Et puis, ce nom, Jean Bonde-Paris, ça m'intrigue, on dirait un gag : jambon de Paris... C'est peut-être un faux nom ?

14 MARS 2004

En sortant du collège, Leïla et moi on va directement à la Compagnie Nationale des Zoos, ce n'est pas loin du zoo de Vincennes.

On entre, on voit un grand blond en costume gris. On demande à parler à Jacques Bonde.

LUI : Bonde, vous voulez dire Jean Bonde ?

MOI : Non, nous parlons de l'agent secret !

LUI : Désolé, il n'y a pas d'agent secret ici…

Et là… on voit arriver Jean Bonde-Paris… avec un boa !!!

Je lui montre la carte de visite et il dit :

– Ma carte de visite !

Jacques Bonde, c'est lui aussi ! Il explique :

– C'est mon nom professionnel. Jean Bonde-Paris, ça ne fait pas sérieux pour les clients !

Là, je suis bien d'accord avec lui ! Ses clients, ce sont des marchands d'animaux, parce qu'à la Compagnie Nationale des Zoos, il vend et achète des animaux pour les zoos, et dans le monde entier ! Drôle de métier, non ? C'est presque aussi intéressant qu'agent secret !

Leïla et moi, on commence à comprendre : les dollars et les dinars dans le portefeuille, c'est parce que Jean Bonde-Paris, alias Jacques Bonde, est toujours en voyage ! La carte de

visite, c'est sa carte à lui, avec son deuxième prénom et son premier nom. Jacques Bonde et Jean Bonde-Paris, c'est une seule et même personne ! Mais la petite fille avec le boa ? Il nous explique que c'est sa fille… C'est vrai, elle lui ressemble. Et le boa ? Eh bien, on l'a sous nos yeux ! Ils le vendent à la Compagnie Nationale des Zoos.

Tout ça est quand même bizarre… Un homme qui a deux identités, qui perd son portefeuille dans une poubelle, qui voyage tout le temps… Et puis, il y a l'os… Sur cette question, Jean Bonde-Paris ne nous répond pas, il dit simplement :

– Ça, c'est une autre histoire…

Et puis il s'excuse, il doit retourner travailler. Bref, il récupère son portefeuille, mais nous, on a une question sans réponse : *Pourquoi il y a cet os dans son portefeuille ?*

Pour comprendre le Chapitre 1

Retrouvez les expressions dans le texte et cochez.

Un roman d'espionnage, c'est :
– un livre avec des espions comme James Bond. ☐
– un film où on voit des pions qui nagent dans l'eau. ☐

C'est clair, ça veut dire :
– il fait beau. ☐
– c'est évident. ☐

Ça m'intrigue, ça veut dire :
– ça m'étonne, c'est bizarre, ça m'intéresse. ☐
– ça ne m'intéresse pas du tout. ☐

Retrouvez le mot à partir du dessin.

C _ _ _ _ _ E

Rébus. Comment est Leïla ?

Leïla est ....

L'histoire.

Répondez aux questions.
– Qui est Jacques Bonde ?
– Qui est Jean Bonde-Paris ?
– Qui est la petite fille sur la photo ?
– Combien de fois apparaît le boa dans l'histoire ?

Chapitre 2

Au Jardin des Plantes

15 MARS 2004

Cette histoire est vraiment trop étrange, nous voulons en savoir plus. Si Jean Bonde-Paris ne veut rien dire, nous devons découvrir nous-mêmes ce qui se passe. Leïla est d'accord. Lundi, après la classe, on va aller à la Compagnie Nationale des Zoos, et quand Bonde-Paris va sortir, on va le suivre, comme des détectives.

17 MARS 2004

Ouf! il ne pleut plus. Leïla et moi, on attend discrètement derrière un arbre. Il est 18 heures, Jean Bonde-Paris va bientôt sortir. Le voilà, il sort, il marche dans la rue, il va vers la gare de Lyon, il est à un arrêt de bus. Un bus arrive, c'est le 63. Il monte; vite, on court pour prendre le bus nous aussi. Il y a beaucoup de monde, il ne nous voit pas. Il descend à la gare d'Austerlitz et nous, on descend aussi. Il va prendre un train? Non, il entre dans le Jardin des Plantes. Il va sur la gauche, près du Muséum d'Histoire Naturelle. Là, il y a un vieux bâtiment gris où il y a écrit: Institut de Paléontologie. C'est quoi, ce truc-là? Je ne me rappelle plus… Bonde-Paris sonne à la porte, on lui ouvre. Zut, nous, on ne peut pas

entrer! On attend sous un arbre... Le jardin va bientôt fermer... On ne peut pas attendre longtemps!

Le temps passe, Leïla compte les minutes en regardant sa montre.

Ah! la porte s'ouvre. Un vieux monsieur qui a une tête de savant comme Tournesol pousse Bonde-Paris dehors. Il a l'air très en colère! On l'entend qui crie:

– Monsieur Bonde, vous êtes fou, complètement fou!

Et il ferme la porte derrière lui. Jean Bonde-Paris a l'air complètement perdu, il resonne à la porte et crie:

– Professeur Ducreux, écoutez-moi!

Mais personne ne répond.

Il regarde autour de lui... Ouf, il ne nous voit pas... et il s'en va.

On ne peut pas continuer à le suivre, il est presque 19 h 30, c'est l'heure de rentrer à la maison. Cette histoire est de plus en plus louche...

Le soir, au dîner, je demande à ma mère:

– Ça veut dire quoi, paléontologie?

Mon petit frère Marco rigole et dit:

– T'es vraiment bête alors, tu ne sais rien sur les dinosaures?

La paléontologie, c'est l'étude des dinosaures!

Je ne réponds pas, mais je pense : « Qu'est-ce que Jean Bonde-Paris fait avec les dinosaures ? Ils sont morts depuis longtemps les dinosaures, il n'en vend pas à la Compagnie Nationale des Zoos ! »

18 MARS 2004

Je lis un livre de mon frère sur les dinosaures. C'est intéressant finalement. Ils ont disparu il y a des millions d'années, et puis il y a des dinosaures herbivores comme le diplodocus, des dinosaures féroces et carnivores comme le tyrannosaure. Mais je ne vois pas le rapport avec Jean Bonde-Paris. On en discute avec Leïla, et on décide d'aller voir le professeur Ducreux mercredi prochain.

Pour comprendre le Chapitre 2

Retrouvez l'expression dans le texte et cochez.

Attendre discrètement, c'est :
– attendre sans se faire voir. ☐
– attendre avec beaucoup de patience. ☐

Charade.

Mon premier est le nom du papa.
Mon second est une moitié de pendu.
Mon tout est ce qui t'arrive quand tu
ne sais pas où tu es.

....

....

Cherchez dans le texte le mot qui convient.

– C _ _ _ _ _ _ _ E : qui mange de la viande.
– H _ _ _ _ _ _ _ E : qui mange de l'herbe.

L'histoire.

Cochez la bonne réponse.
Pourquoi les filles vont au Jardin des Plantes ?
– Pour voir le zoo et le Muséum d'Histoire Naturelle. ☐
– Pour voir les plantes. ☐
– Pour suivre Jean Bonde-Paris. ☐

Répondez aux questions.
– Qui travaille au Jardin des Plantes ?
– Dans quel Institut ?

Cochez la bonne réponse.
Comment sont les relations entre Jean Bonde-Paris et le professeur Ducreux ?

BONNES ☐   MAUVAISES ☐

Chapitre 3

Un curieux professeur

19 MARS 2004

Nous voilà devant l'Institut de Paléontologie. On sonne à la porte et on dit :

– On est du collège Jacques Prévert, on fait un travail sur les dinosaures, on voudrait parler au professeur Ducreux.

Le concierge semble étonné, mais il nous fait entrer. Ouf, le professeur Ducreux est là, et il a l'air de bonne humeur. Leïla dit :

– Nous faisons un travail sur les paléontologues, nous voulons savoir ce qu'étudient les paléontologues d'aujourd'hui !

LUI : Ah, je suis content que les jeunes s'intéressent à mon travail ! On se sent si seul, ici… Qu'est-ce que vous voulez savoir ?

LEÏLA : Oh, un peu de tout… Comment vous travaillez ? Avec qui ?

Le professeur allume une pipe, nous regarde derrière ses grosses lunettes, et il commence à parler… Moi, ça m'ennuie un peu ce qu'il raconte, alors je n'écoute pas, je regarde les bouts de squelettes sur ses étagères, ça me rappelle le Muséum d'Histoire Naturelle. Il y a aussi une carte de l'Afrique, avec des punaises…

Je demande :

– Les punaises, sur la carte, qu'est-ce que ça veut dire ?

Et le professeur répond :

– C'est là où on a trouvé les derniers fossiles de dinosaures…

Je réfléchis : « Les dinars, dans quel pays d'Afrique il y a des dinars ? En Tunisie ! Les dinars du portefeuille de Bonde-Paris, ils viennent de Tunisie ! » Je regarde sur la carte, il n'y a pas de punaises sur la Tunisie. Je demande :

– Il n'y a pas de fossiles en Tunisie ?

Le professeur s'énerve :

– Non, rien en Tunisie !

Il nous cache quelque chose, ce professeur… Et là, je ne retiens pas ma langue :

– Vous connaissez monsieur Jean Bonde-Paris ?

– Si je le connais ? C'est un charlatan, un fou ! Un charlatan fou ! Je ne veux pas parler de ce monsieur ! Au revoir !

Oh, il est très en colère le vieux professeur ! Il nous fait sortir. Nous sommes dehors, devant l'Institut de Paléontologie et il pleut. Leïla me regarde avec l'air de dire : « Toi, tu parles toujours trop… » Je crois bien qu'elle a raison, alors je ne dis rien. On prend le métro à la station Jussieu pour rentrer chez nous, on ne dit pas un mot… Nous voilà de nouveau à la case départ, à cause de mon imprudence.

21 MARS 2004

Leïla est vraiment une fille super, elle vient de présenter ses excuses au vieux professeur et, aujourd'hui, on a rendez-vous avec lui. Il va tout nous raconter !

On arrive, il nous offre une tasse de thé très fort. Heureusement, il n'allume pas sa pipe. Il raconte :

– Depuis que les dinosaures sont à la mode, tout le monde veut découvrir quelque chose de nouveau et apporte à l'Institut de Paléontologie des choses bizarres. Bonde-Paris est l'un d'eux. C'est un de mes anciens étudiants, et je l'aime bien, mais il est fou. Je travaille depuis 25 ans sur le spinosaure. Cela fait 25 ans que j'essaie de le reconstituer. Je sais tout ce qu'on peut savoir sur les spinosaures.

Je réplique :

– Pas nous !

Alors M. Ducreux explique :

– C'est une sorte de gros lézard avec des épines sur le dos en forme de voile. C'est un bipède carnivore de 13 mètres de long environ. On le trouve dans le Nord de l'Afrique, dans le Sahara en particulier… Et voilà que ce fou de Bonde-Paris insiste pour me parler d'une nouvelle espèce, d'après des fossiles retrouvés en Tunisie, le « bispinosaure », un spino-

saure avec deux séries d'épines sur le dos, deux voiles ! C'est impossible, ça ne sert à rien !

Il s'énerve encore le vieux professeur et je demande :

– Mais à quoi ça sert, une seule voile ?

– On suppose que la voile qu'il a sur le dos capte les rayons du soleil et lui sert à garder son corps à la même température : ni trop chaud, ni trop froid.

– Mais alors, deux voiles, c'est pratique, ça fait comme un éventail, ça fait du vent sur le dos et ça refroidit !

– C'est justement ce que dit Bonde-Paris, mais ça n'a pas de sens ! On ne connaît pas d'animal avec deux voiles sur le dos.

– Si, les oiseaux !

– Mais alors, ce ne sont plus des voiles, ce sont des ailes ! C'est très différent ! Vous ne comprenez pas, vous n'êtes pas scientifiques, et Jean Bonde-Paris non plus, d'ailleurs ! Pour démontrer que les bispinosaures existent, il m'apporte un tout petit bout d'os -c'est sûrement un os de mouton !- de Tunisie. Je suis sûr qu'il veut seulement gagner beaucoup d'argent, après tout, c'est un marchand, rien d'autre !!!

Alors, c'est ça, le bout d'os dans le portefeuille ? Un os de « bispinosaure » ? Enfin, si les bispinosaures existent ! On dit au revoir au professeur et on rentre chez nous.

Pour comprendre le Chapitre 3

Retrouvez les mots dans le texte
pour compléter cette grille.

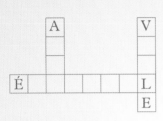

Rébus.

Que pense le professeur Ducreux de Jean Bonde-Paris ?

Ducreux pense que Jean Bonde-Paris est un ....

Récrivez le mot correctement.

Comment est-il ?

Il est NRV : ....

L'histoire.

Vous savez tout sur les relations entre Jean Bonde-Paris et le professeur Ducreux. Cochez.

Ils se connaissent parce que :
– Jean Bonde-Paris était un étudiant de Ducreux. ☐
– Ducreux était un étudiant de Jean Bonde-Paris. ☐
Jean Bonde-Paris veut démontrer que :
– les bispinosaures existent. ☐
– les spinosaures existent. ☐

Chapitre 4

Avec le collège

23 MARS 2004

Dans le livre de mon frère, il y a une page sur les spinosaures ; ils ne sont pas très beaux et leur voile est plus grande que la taille d'un homme. On dit qu'ils sont aussi terribles que les tyrannosaures-rex d'Amérique. Moi, j'aime bien cette idée de bispinosaure, peut-être que Jean Bonde-Paris a raison, et que les bispinosaures existent vraiment, après tout… On peut peut-être l'aider à convaincre le professeur Ducreux, mais comment ?

24 MARS 2004

Heureusement, Leïla a une idée pour aider Bonde-Paris : parler de notre aventure à Mme Stern, la prof de SVT[1]. Elle est sympa, et elle aime tous les animaux, même les préhistoriques !

25 MARS 2004

Incroyable ! Mme Stern connaît le professeur Ducreux : c'était son professeur quand elle était étudiante à l'université. Elle trouve que notre histoire est bizarre, mais elle veut bien nous aider. Elle va parler avec Jean Bonde-Paris et le professeur.

---

1. SVT : matière scolaire. Sciences de la Vie et de la Terre.

27 MARS 2004

Ça y est, Mme Stern est géniale ! Le professeur Ducreux va montrer à toute la classe comment on analyse un os qu'on suppose préhistorique : une expérience pratique pour toute la classe de 5e D du collège Jacques Prévert. Et l'os ? Eh bien, Mme Stern va l'apporter elle-même. C'est celui de Jean Bonde-Paris, mais le professeur Ducreux ne le sait pas encore !

1ER AVRIL 2004

L'explication du vieux professeur et son expérience sur l'os sont vraiment passionnantes ! Je commence à aimer les SVT ! Et en plus, j'ai tout compris ! D'abord, on lave l'os de différentes manières : avec un pinceau, avec des aiguilles, on le met aussi dans un bain d'acide, et puis on le durcit avec de la résine. Ensuite, on l'analyse au microscope, on le dessine sous tous ses angles, on lui fait des photos, et même des radiographies ! Finalement, avec tous ces éléments, on peut savoir à quelle espèce appartient l'os, et quel âge il a…

Et bonne nouvelle : c'est vraiment un os de spinosaure, pas un os de mouton ! On le sait à cause de son âge, et bien sûr de sa forme : c'est un os qui est relié à la colonne vertébrale. Seulement, le professeur est perplexe : normalement, c'est dans ce type d'os que se plante une des épines de la voile, et il y a un trou pour l'épine.

Mais dans notre os, il y a deux trous, pour deux épines face à face ! Il nous explique le problème en nous montrant la radiographie d'un os de spinosaure trouvé en Algérie. C'est un os semblable, mais avec un seul trou. Notre os est différent… Et à ce moment-là, Jean Bonde-Paris arrive et dit :

– Cet os n'est pas pareil, c'est normal, c'est un os de bispinosaure, pas de spinosaure !!

Le professeur Ducreux est très étonné, et même un peu en colère, mais il ne dit rien parce qu'il est devant toute la classe. Qu'est-ce qu'il va se passer maintenant ?

5 MAI 2004

Nous avons reçu un e-mail de Jean Bonde-Paris : le professeur Ducreux est d'accord pour faire des recherches en Tunisie sur les bispinosaures. Ça commence bientôt, super !

21 JUIN 2004

Jean Bonde-Paris ne travaille plus à la Compagnie Nationale des Zoos, il est maintenant assistant du professeur Ducreux, à l'Institut de Paléontologie. Il va partir en expédition en Tunisie pour rechercher des traces de bispinosaure. Il est très

content. Je me demande : « Est-ce que sa fille va partir avec lui ? Et le boa ? Je veux aller en Tunisie, moi aussi ! »

4 SEPTEMBRE 2004

Ça y est, c'est la rentrée ! Toujours pas de nouvelles de Jean Bonde-Paris et du bispinosaure… J'espère qu'on va avoir la même prof de SVT, Mme Stern, pour pouvoir parler du bispinosaure…

2 JANVIER 2005

Super, j'ai reçu une carte de Jean Bonde-Paris ! Il dit que tout va bien, qu'il a une surprise pour nous…

12 MARS 2005

Aujourd'hui, nous allons avec toute la classe de 4e D écouter une conférence au Muséum d'Histoire Naturelle du Jardin des Plantes : *La reconstitution du bispinosaure en Tunisie, par Jean Bonde-Paris et le professeur Robert Ducreux, de l'Institut de Paléontologie.*

Quand je pense que tout ça a commencé il y a juste un an, avec un portefeuille trouvé dans une poubelle…

Pour comprendre le Chapitre 4

Puzzle.

Il y a 3 mots savants dans ce puzzle. Retrouvez-les.

scien
dio
scope
mi
ti
cro
gra
fi
ra
phie
que

....

....

....

Charade.

Mon premier est le contraire de dur.
Mon second est un adjectif possessif.
Mon tout est un gentil animal domestique.

....

L'histoire.

Cochez la bonne réponse.
Leïla et Manon demandent de l'aide à leur prof de SVT et, comme ça, elles arrivent à :
– faire analyser l'os de Jean Bonde-Paris
par le professeur Ducreux.   ☐
– faire analyser un os de mouton par le professeur Ducreux. ☐

Le professeur Ducreux fait l'analyse de l'os :
– pour faire plaisir à Mme Stern et à sa classe.   ☐
– pour faire plaisir à Jean Bonde-Paris.   ☐

Le professeur Ducreux découvre que :
– l'os mystérieux est un os de mouton.   ☐
– l'os mystérieux est un os de spinosaure, mais différent.   ☐

Après l'analyse de l'os, le professeur Ducreux :
– pense que les bispinosaures peuvent exister. ☐
– ne croit toujours pas en l'existence des bispinosaures. ☐

Vrai ou faux ?
D'après le titre de la conférence, on comprend que :

– Ducreux et Jean Bonde-Paris ont réussi à reconstituer un bispinosaure.

VRAI ☐ FAUX ☐

– on a retrouvé des bouts de squelette de bispinosaure en Tunisie.

VRAI ☐ FAUX ☐

– Jean Bonde-Paris et Ducreux travaillent ensemble.

VRAI ☐ FAUX ☐

– Jean Bonde-Paris et Ducreux ne se parlent pas.

VRAI ☐ FAUX ☐

Avoir l'air : sembler, paraître.

Bâtiment : un immeuble, une construction.

Ça m'ennuie : ça ne m'intéresse pas.

C'est louche : c'est bizarre, ce n'est pas normal.

Convaincre : persuader.

De bonne humeur : content.

Démontrer : montrer, prouver.

De nouveau : encore.

Étagère :

Étrange : bizarre.

Être en colère : s'énerver, ne pas être content du tout.

Être perplexe : se poser des questions, avoir des doutes.

Fossile :

Fou : pas normal, qui a perdu la raison.

Impossible : pas possible

Je ne retiens pas ma langue : je parle sans faire attention.

Présenter ses excuses : s'excuser, demander pardon.

Punaise :

Sûrement : certainement (≠ peut-être).

Chapitre 1 : un livre avec des espions comme James Bond
c'est évident
ça m'étonne, c'est bizarre, ça m'intéresse
costume
cou – rat – je – ZZ : courageuse

Chapitre 2 : attendre sans se faire voir
père – du : perdu
carnivore – herbivore
pour suivre Jean Bonde-Paris
mauvaises

Chapitre 3 : aile – voile – éventail
chat – R – la – temps : charlatan
énervé
Jean Bonde-Paris était un étudiant de Ducreux
les bispinosaures existent

Chapitre 4 : scientifique – radiographie – microscope
mou – ton : mouton
faire analyser l'os de Jean Bonde-Paris par le
professeur Ducreux
pour faire plaisir à Mme Stern et à sa classe
l'os mystérieux est un os de spinosaure, mais
différent
pense que les bispinosaures peuvent exister
vrai – vrai – vrai – faux

Édition : Brigitte Faucard
Couverture : Adrizar, Judith Moreno
Illustration couverture : Fernando Dagnino
Illustrations de l'intérieur : Valérie Gibert et Philippe Sedletzki
Maquette et mise en page : Alinéa

N° d'éditeur : 10144362 - août 2007
Imprimé en France par France Quercy, Mercuès
N° d'impression : 71917